MW00998730

Toile

GIBBS SMITH
TO ENRICH AND INSPIRE HUMANKIND

First Edition
14 13 12 11 10   5 4 3 2 1

Copyright © 2010 Gibbs Smith

All rights reserved. No part of this book may be reproduced by any means whatsoever without
written permission from the publisher, except brief portions quoted for purpose of review.

Published by
Gibbs Smith
P.O. Box 667
Layton, Utah 84041

1.800.835.4993 orders
www.gibbs-smith.com

Design by Sheryl Dickert
Printed and bound in China
Gibbs Smith books are printed on either recycled, 100% post-consumer waste, FSC-certified
papers or on paper produced from a 100% certified sustainable forest/controlled wood source.

Library of Congress Control Number: 2010923691

ISBN 13: 978-1-4236-1692-4
ISBN 10: 1-4236-1692-8

Celui qui ne meurt pas une fois par jour ignore la vie.

He who does not
die once a day
ignores life.

—Remy de Gourmont,
Le Livre des masques

La littérature ne permet pas de marcher, mais elle permet de respirer.

LITERATURE DOESN'T MAKE WALKING POSSIBLE,

BUT IT MAKES BREATHING POSSIBLE.

—Roland Barthes, *Qu'est-ce Que la Critique?*

Quand il me prend dans les bras

When he takes me in his arms

Il me parle tout bas

and speaks to me softly

Je vois la vie en rose.

I see life through rose-colored glasses.

—Édith Piaf

La modestie est au
mérite ce que les ombres
sont aux figures dans un
tableau: elle lui donne de
la force et du relief.

Modesty

is to merit what shadow

is to figures in a painting,

giving it strength and relief.

—La Bruyére

Tout est pour le mieux dans le meilleur des mondes possibles.

 EVERYTHING IS FOR THE BEST IN
THIS BEST OF POSSIBLE WORLDS.

—Voltaire, *Candide*

J'ai réinventé le passé pour voir la beauté de l'avenir.

I reinvented the past to see the beauty of the future.

—Louis Aragon, *Le Fou d'Elsa*

IL N'Y A QU'UN BONHEUR DANS LA VIE,

c'est d'aimer et d'être aimé.

There is only one happiness in life,

TO *love* AND TO BE LOVED.

—George Sand

Il est bon de frotter

et limer notre cervelle

contre celle d'autrui.

It is good to rub and polish our

brain against that of others.

—Essais Montaigne

À vaillant coeur

FOR A VALIANT HEART

rien d'impossible.

NOTHING IS IMPOSSIBLE.

—Jacques Coeur

Il n'est rien de réel que

le rêve et l'amour.

NOTHING IS REAL EXCEPT

DREAMS AND LOVE.

—Anna de Noailles, *Le Coeur innombrable*

Un homme qui écrit bien n'écrit pas comme on écrit, mais comme il écrit; et c'est souvent en parlant mal qu'il parle bien.

A man who writes well writes not as others write, but as he himself writes: it is often in speaking badly that he speaks well.

—Charles de Secondat, baron de Montesquieu, *Pensées Diverses*

Le temps use l'erreur et

polit la verité.

Time wears away the mistakes
and polishes the truth.

—Gaston, duc de Lévis, *Maximes, préceptes et réflexions*

Les jours sont peut-être égaux pour une horloge, mais pas pour un homme.

Days may be equal for a clock, but not for a man.

—Marcel Proust

Quand on n'a pas ce que l'on aime, Il faut aimer ce que l'on a. When we have not what we love, we must love what we have.

—Bussy-Rabutin, Lettre à Mme. de Sévigné, a.d. 1667

Je l'ai toujours dit et senti,
la véritable jouissance
ne se décrit point.

I have always said

and felt that true

enjoyment cannot be

expressed in words.

—Jean-Jacque Rousseau, *Confessions*

Il n'y a que deux choses qui servent au bonheur:

c'est de croire et d'aimer.

There are only two things that bring happiness:

faith and love.

—Charles Nodier, *La Fée aux miettes*

Le temps *et* le monde

TIME AND THE WORLD

et **la personne** *ne se rencontrent*

AND THE PERSON ONLY MEET

qu'une seule fois.

A SINGLE TIME.

—Hélène Cixous, *Dedans*

Je ne cherche pas.

I DON'T SEEK, *je trouve.*

I FIND.

—Pablo Picasso, *Étude de femme*

Je suis jeune, il est

vrai; mais aux âmes bien

nées La valeur n'attend

point le nombre des années.

I am young, it is true;

but in noble souls valor

does not wait for years.

—Pierre Corneille, *Le Cid*

C'est à cause que tout doit finir que

TOUT EST SI BEAU.

It's because everything must end that

everything is so beautiful.

—Charles-Ferdinand Ramuz, *Adieu à beaucoup de personnages*

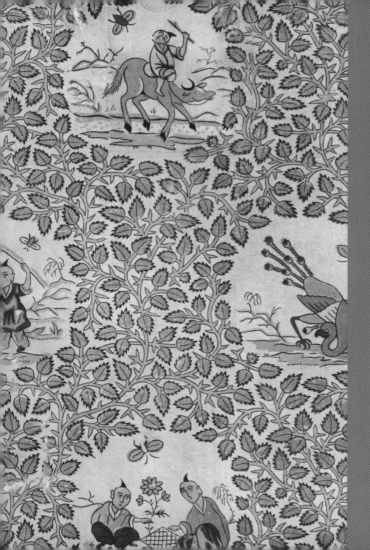

Il n'y a réellement ni beau style,

ni beau dessin, ni belle couleur:

il n'y a qu'une seule beauté,

celle de la vérité qui se révèle.

There is no truly beautiful

style, drawing, or color.

There is only one beauty:

that of truth revealing itself.

—Auguste Rodin

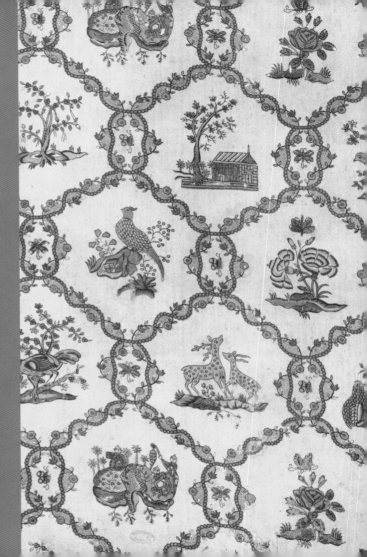

Voici mon secret. Il est très simple:

on ne voit bien qu'avec le cœur.

L'essentiel est invisible pour les yeux.

HERE IS MY SECRET. IT IS VERY SIMPLE:

it is only with the heart that one can see rightly.

What is essential is invisible to the eye.

—Antoine de Saint-Exupéry, *Le Petit Prince*

Ce qui m'intéresse, ce n'est

pas le bonheur de tous les hommes

c'est celui de chacun.

W HAT INTERESTS

ME IS NOT THE

HAPPINESS OF ALL MEN

BUT THE HAPPINESS

OF EACH MAN.

—Boris Vian, *L'Écume des jours*

La vérité vaut bien qu'on passe

quelques années sans la trouver.

Truth IS MORE VALUABLE IF IT

TAKES YOU A FEW YEARS TO FIND IT.

—Jules Renard

JE SERAI POÈTE ET TOI *poésie*.

I'll be a poet and you,

Poetry.

—Français Coppée, *Ritournelle*

MÊME QUAND L'OISEAU MARCHE

ON SENT QU'IL A DES AILES.

Even when the bird walks

one senses that he has wings.

—Antoine-Marin Lemierre, *Fragments du*
Poème des Fastes

La vertu d'un cœur noble

est la marque certaine.

Virtue is the most certain

mark of a noble heart.

—Nicolas Boileau-Despréaux

*L*A VIE PASSE À USER

UNE PASSION ET À EN

REPRENDRE UN AUTRE.

*L*IFE IS SPENT USING

UP ONE PASSION AND

RECAPTURING ANOTHER.

—Charles-Jean-François Hénault,
Réflexions

La plus expresse marque de la sagesse, c'est
une esjouissance constante; son estat est comme
des choses au dessus de la Lune: toujours serein.

The most manifest sign of wisdom

is a constant cheerfulness; such a state or condition

is like matter above the moon: always serene.

—Michel de Montaigne, *Essais*

Toutes nos passions
reflètent les étoiles.

All of our passions
reflect the stars.

—Victor Hugo, *La Légende des siècles*

La bonne grâce est au corps ce

que le bon sens est à l'esprit.

Gracefulness is to the body what good sense is to the mind.

—François de La Rochefoucauld

Rien n'est vrai que ce

Nothing is true except what isn't said.

qu'on ne dit pas.

—Jean Anouilh, *Antigone*

Ils ont beau se cacher; l'amour le plus discret Laisse par quelque marque échapper son secret.

It is vain to try to conceal one's-self; the most discreet love allows its secret to escape by some slight token.

—Bajazet Racine

Qiuand on ne trouve pas son
repos en soi-même, il est inutile
de le chercher ailleurs.

When we do not find peace

within ourselves, it is useless to

seek for it elsewhere.

—La Rochefoucauld, *Premier Supplément*

Les rêves sont seuls les réalités de la vie.

Dreams alone are the realities of life. —Xavier Forneret, *Broussailles de la pensées de la famille de sans titre*

TOUTE MUSIQUE QUI NE PEINT

RIEN N'EST QUE DU BRUIT.

Any music that paints

nothing is only noise.

—Jean Le Rond d'Alembert,
Encyclopédie

Le langage reproduit le

monde, mais en le soumettant

à son organisation propre.

Language reproduces the world,

but in doing so organizes the

world like language.

Émile Benveniste, *Problèmes de linguistique générale*

Le monde est fait avec des astres et des hommes.

The world is made
of stars and men.

—Émile Verhaeren,
La Multiple Splendeur, Le monde

Imaginer

C'EST

choisir.

To imagine

IS TO

choose.

—Noé (Gallimard) Jean Giono